AF145028

VERLORENE KUNST

VON GERD STEINKOENIG

Ich bin müde, Boss. Am meisten müde bin ich, Menschen zu sehen, die hässlich zueinander sind. Der Schmerz auf der Welt und das viele Leid, das macht mich sehr müde. Es gibt zuviel davon. Es ist als wären in meinem Kopf lauter Glasscherben.

(Zitat von John Coffey aus dem Film "The Green Mile")

KAPITEL 1 - KUNST, SINN, SAMMLUNG

MUSIKALBEN / SINN DES LEBENS

Es gibt zahlreiche Alben-Listen zB aus meiner Jahrhundertmappe (ca 1999/2000, zig Seiten), 44 empfehlenswerten LPs all time (1983, auch bei diversen ISBN-Büchern von mir), diverse Albenlisten aus meinem ersten Buch "Blood On The Rooftops" (2017, zB auch " Die Jahrzehnt-Alben 60er/70er/80er/90er/2000er), diverse Top 10-Alben all time (zB meine Top 10-Alben all time von 1990), aus meinen ISBN-Büchern sind zB Die erfolgreichsten Alben all time weltweit, Die besten Progrock-Alben all time und und... Und bei meiner Musikhefte-Sammlung hab ich zB 2 Versionen von "Rolling Stone" mit den 500 besten Alben aller Zeiten! Ich bin ein Sammler...

Der Sinn des Lebens durch Hobbies, Sammlung etc! Ich hab so viel! Ihr habt bestimmt schon oft Fotos dazu von mir gesehen. Tonträger, Visuellträger, Hefte, Bücher aller Art... Jedesmal viele Genres... Und irgendwie durcheinander, nur ich weiß wo meine Albenlisten sind, oder wo meine Genesis-CDs sind, wo meine Casetten sind, wo die Loriot-DVD-Box ist.... Irgendwann bin ich in meiner neuen Lebensdimension und dann sind garantiert wieder nur Ahnungslose... OK, meine 2 Bethesda-Betreuer:innen sind dementsprechend einigermaßen top! Aber die 2 sind nicht ewig... Im Endeffekt: wahrscheinlich auch in Zukunft das gleiche junge Alter der Betreuer - und natürlich Irgendwann beim Ausräumen: "ach, ist ja nur Schrott, ist ja nur die komischen alten Sachen wie Genesis, Pink Floyd, Deep Purple, Neil Young... Wenigstens bin ich ewig durch meine Deutsche Nationalbibliothek / Landesbibliothek Rheinland-Pfalz... Es sei denn durch xxxxxx... Und irgendwann sind meine ISBN-Bücher tatsächlich weg: denn in ca 4 Milliarden Jahre (wissenschaftlich) stirbt die Erde.... Der ewige Kreislauf... Daher mit meinen Worten, Fotos, Sammlerstücke: der Sinn des Lebens...

Ach komm, Stand 22. Juli 2024, wieder meine Album Top 10:

1 The Dark Side Of The Moon (Pink Floyd 1973)

2 The Lamb Lies Down On Broadway (Genesis 1974)

3 Wind And Wuthering (Genesis 1976)

4 ...and then there were three (Genesis 1978)

5 Hounds Of Love (Kate Bush 1985)

6 1967-1970 (The Beatles 1973/2023)

7 Harvest (Neil Young 1972)

8 Made In Japan (Deep Purple 1972)

9 The Song Remains The Same (Led Zeppelin 1976 /Live73)

10 Brothers In Arms (Dire Straits 1985)

C P Gerd Steinkoenig 22. Juli 2024 II)

Foto: Gerd Steinkoenig

MEINE KUNST

Ca 1971/1972 Großvater's Tagebuch geschrieben! Großvater las, ich schrieb. Verschollen (garantiert Mappe fortgeschmissen von Vater oder Mutter)...

1983 - "The Story of Rock" kreirt (mein Vorläufer als Buch. Verschollen - nur "Meine 44 empfehlenswerten LPs all time" ist noch da (bei diversen ISBN-Büchern)...

Ca 1999/2000 - meine Jahrhundertmappe mit Allem (später noch weitere Mappen) Zur Hälfte verschollen, aber DIE Jahrhundertmappe ist noch da! Plus diverse ISBN-Büchern...

Seit 2010 - Fotograf mit chronologischen Fortschritten, Horizonten! Am 19. Juli 2024 in einem Pfälzer Wald meinte der "Institut-Boss": "Braucht man ja nur als Erinnerungen" - ich erwiderte: "Ich fotografiere wegen Kreativität, Kunst, Dokumentation. Erst dann kommen Erinnerungen".

2013/2014 - 5 Musikshows kreirt als Produzent und Moderator (jeweils ca 20 Minuten) für das OK-KL-TV! Planung, zT Kamera, Schneideraum etc. Ich wollte bei Vaters Laptop meine Shows zeigen, nach der Intromusic waren meine Eltern weg...

2017 - 2024: meine ISBN-Bücher (und weitere no-isbn-Bücher) geschrieben über Musik, Lyrics, Prosaen, Fotos, Lebensphilosophie, Momentums, Tagebuch, Erinnerungen, Erlebnisse, Erfahrungen etc etc. In den nächsten Tagen kreire ich mein letztes Buch VERLORENE KUNST mit meinem Bücherverzeichnis von A bis Z etc.

In den 1970ern waren ab und zu Tagebuch (zB der 1973-Kalender ist noch da!). Hab ab und zu Ideen bei den social Networks. Mal sehen, mit neuen Herausforderungen als Künstler. Nix mehr Bücher... Aber ich hab bestimmt wieder eine coole Idee.

Und einfach lachen über diese armseligen Kreaturen... Die haben keine Ahnung über meine Bücher, über meine Fotos. Natürlich: immer Geschmackssache! Aber es sind zu viele, das Kunst nur Blödsinn wäre. Insbesondere für mich und natürlich "Ich als Künstler" und lache auf diese oberflächlichen Menschen.

C P Gerd Steinkoenig 20. Juli 2024

Foto: Gerd Steinkoenig (in Landau HBF, Juli 2024)

KAPITEL 2 - WALD, SEELE, POSITIVE ENERGIEN

POSITIVE VERÄNDERUNGEN

Ich agiere meine neuen Veränderungen! Ich will meinen positiven Geist, Seele, Körper - natürlich OHNE diesem "Institut"! Gestern war ein sehr schöner Nachmittag dazu in einem geilen Wald und "der Boss" und ich unterhielten uns über meine Fotografien und über meine Bücher. Es interessiert kein Mensch über meine Kreativitäten. Im Endeffekt ist es egal, wenn viele Leute dazu meinen, interessiert keinem. Aber diese Location ist für mich nur Kontraproduktivität. Leute ignorieren mich, Leute sagen zu mir kein "Hallo" - und es ist Psychoterror, durch diese "Gemeinschafts-Psychologie". Auch meine 2 tollen Bethesda-Betreuer sagen, "Institut" ist mittlerweile nur noch kurze Zeit. Frei nach "Fanta 4": ich bin zu geil für dieses "Institut"! Am nächsten Freitag gehe ich nochmal hin, und das war's! Ich müsste noch ins "Institut" wegen meinem "PDF zum Buch"... Nächste Woche später kommt noch eine Sozialcheffrau zum Check. Sie kennt mich und dementsprechend hab ich meine Argumente, und sie hat bestimmt neue Alternativen. Immer meine Stärke, positive Lösungen, reine Gesundheit, positive Fortschritte! Wenn wider Erwarten das & das nicht ging, hab ich trotzdem meine positiven Energien.

Foto: Wald 19.07.2024

C P Gerd Steinkoenig 20. Juli 2024

PS: Buch? War doch das letzte Buch! Schon wieder? Ich mach's nur wegen meinem Verzeichnis meiner Bücher von A-Z, plus Lyrics/Fotos. Das ist MEINE Entscheidung, hat nichts mit dem "Institut" zu tun!

Wald! In der Nähe von der Walddusche (Gleisweiler), 19. Juli 2024

3 Collagen von Walddusche und Umgebung (Gleisweiler), 19. Juli 2024

KAPITEL 3 - 17. JULI 2024 (A DAY IN THE LIFE)

.

EIN TAG MITTEN IM LEBEN AM 17.07.2024

Gut gefühlt morgens (ungewöhnlich, hahaha)

Zum Zug um 11:59h - ging nicht, ausgefallen

für 3 1/2 Wochen (waren gesamt 4 Weeks)

1. Versuch ging auch nicht vom Bus

2. Versuch jaa - doch wieder: und ich merkte,

Es ist doch ein "Lumpensammler"-Bus von 1 Stunde

Um 14:30h war ich in Landau und hatte in dieser

"gewissen Location" nur 75 Minuten

Und wieder ab zum Lumpensammler

2 Minuten vor 18h war ich in "meiner" Bäckerei

Und hatte wenigstens meine süßen Kuchen...

Sollte morgen noch checken wegen

einem Zugersatz-Bus - soll anscheinend schneller sein

Kein Stress, gute Foto-Kreativitäten

Sogar schon VOR dem Zug, der nicht war

Fotos vom idyllischen Bahndamm Annweiler

Ich dann zum Bahnhof und... Siehe 1. Absatz...

In der LD-Location Gebabbel, gespielt mit Boss

Zuvor Fotos mit der Festhalle, Parkhotel LD

Später zum Bus Fotos mit Graffitis etc

Und vorsorglich Musikexpress erworben (55Years ME!)

Ich hatte mit Abwechslungen AW-Kumpels mittags

Der erste Bus mit 2 Kinderklassen

(an einer Anhaltestelle ging die Klasse weg,

an der gleichen Anhaltestelle kam die neue Klasse, lach)

Im zweiten Bus war neben mir eine junge Lebensfreude...

Und überhaupt: es waren die verschiedensten Menschen

Älterer Mann laut, 2 sehr junge Sandkastenrocker rauchend,

Und eben meine Fotos mit fantasievollen Bildern

Und ich hatte viel Natur mit überquillendem Grün & Blüten

Kleine Weindörfchen, idyllisches Paradies

Beobachtend zu den Normal-Menschen aus dem Bus-Fenster

Viele Gedanken mit den Menschen das es schon immer war

Andere Technik, andere Politik, andere Medien

Trotzdem die gleichen Gestiken von den Alten, von den Kindern

Im Endeffekt war für mich Hoffnung

In den 1980ern war auch Tätärä, wie jetzt 2024

Heute ist Vorabend von WW III, Nationalismus, damals weniger

Trotzdem diese ganz normalen Menschen...

C P Gerd Steinkoenig 17. Juli 2024

Juli 2024-Layout-Collage (17. Juli 2024)

Landau in der Pfalz 17. Juli 2024

Annweiler am Trifels 17. Juli 2024 (Bahndamm & Umgebung)

Frau in Festhalle, Landau 17. Juli 2024

KAPITEL 4 - FREIHEIT, BÜCHER, VERGESSENE ZEIT

FREIHEIT IST EIN GROßES MENSCHENRECHT

Das größte Menschenrecht: FREIHEIT!!

Leider wird die Freiheit von gewissen Menschen getreten

Zu viel Macht, Egoismus, Rücksichtslosigkeit, Ideologie

Aber es geht heute um mich:

Durch meinen Schlaganfall 2017 hatte ich große Hilfe

Mein Leibarzt N, Mrs P, Bethesda-Betreuer, mein Ergo

Meine legendäre Logo, die Ärztin DW, Alzey-Pfleger:innen

Meine Betreueranwältin, mein Engelchen, desweiteren

Im ersten Moment: alles super! Da waren und sind

tolle Hilfen, Tipps, Therapien etc

Aber! Der rote Faden = Kontrolle, Staatsmeinungen

Dabei hatte ich doch "nur" meinen Schlaganfall

Seit ca 2 Jahren bin ich in einer gewissen Location

Ich habe Gemeinschaft, Kurzweil, gute Synapsen

Ich habe seit meinem Schlaganfall (+Entwicklungen dazu)

Mein Selbstvertrauen, Stärke, Vernunft, Souveränität

Reinheit, Gelassenheit, Mut, Kampf, Wille, Disziplin

Selbstbewusstsein, Selbstständigkeit, Kraft etc

Und durch die gewisse Location hab ich Zwangserziehung

durch die Psychologie über die "Deppen"...

Ich hab keine Paranoia, keine Verschwörung

Aber diese Location-Leute kapieren mich nicht

Bei den "Insassen" hatte ich bemerkt,

oh, keine Power, keine Motivation. Aber ich mit Kampf!

Das meinen die Location-Leute womöglich auch

Ich bin "außen vor" - nur weil ich Selbstvertrauen, Stärke habe

Ich brauche eine gute Entscheidung, denn wenn ich zB

3 Jahre lang da wäre: hab ich noch mein Selbstvertrauen?

Natürlich hab ich ab und zu Tunnel wegen dem Schlaganfall

Trotzdem bin ich selbständig, motiviert, zielstrebig

Ich hab seit September 2017 meine positiven Energien

mit Kampf, Mut, Wille, Disziplin, Ausdauer, Geduld, Kraft

Selbstvertrauen, Stärke, Souveränität - und dann kommt so

eine Lehrbuch-Psycho und will mich erziehen, kontrollieren?

Nobody is perfect! Ich bräuchte mehr Abwechslungen

Oder: komm, kann man morgen machen - oder übermorgen

Es ist einfach menschlich, aber ich hab meine Ziele & Pläne

Ich denk oft zu viel - und ich will immer weniger

Ich bin oft allein - aber ich bin nicht einsam

Ich hab mein positives, souveränes Denken für meine Gesundheit

Zukunft, Reinheit, Gelassenheit, Disziplin für meine

FREIHEIT

FREIHEIT IST EIN GROßES MENSCHENRECHT!!

Na ja, vielleicht hab ich wieder an die weiße Wand geredet

Ob gewisse Leute es per e-mail überhaupt lesen...

PS: es ist ein Kreis, wenn ich weiter so drauf bin in dieser Location,

heißt es irgendwann "Querulant", "Paranoia", und ruckzuck bin

ich in der Pfalzklinik Klingenmünster...

Dabei hatte ich doch "nur" einen Schlaganfall!

C P Gerd Steinkoenig 16. Juli 2024

Foto: aus meinem 67. ISBN-Buch "Graues Pflaster mit gelben Blumen" (Juli 2024)

KAPITEL 10 - SPECIAL

.

Mit Deine Freunde geteilt

2 x Gold Silber Bronze mit MUSIK - ohne das Übliche...

Wollte erholen, chillen, EM-Fußball - hab aber zu viel Gingium und Koffein, dadurch Hirnrattern und hab 2 geile Musik-Polls:

Beste Song-Lyrics

Gold - Blood On The Rooftops (Genesis 1976), viele Hommagen, Zitate, Wortspiele

Silber - Time (Pink Floyd 1973), die beste Lyric ever über das Thema Zeit

Bronze - A Day In The Life (The Beatles 1967), Wortspiele, Wortgewandheit

Die unterschätzesten Alben

Gold - A Curious Feeling (Tony Banks 1979) mit dem Feelprogsong Lucky Me (voice: Kim Beacon)

Silber - Pampled Menial (Pavlovs Dog 1975), allein JULIA! Ein Songjuwel! Progrock-Epos!

Bronze - Liebe Tod & Teufel - EAV 1987), kennt jeder, aber kein Quatsch: Der Tod, Burli = Grotesksatire

C P Gerd Steinkoenig 22. Juni 2024

24

VERGESSEN IM BAHNHOFSKINO

Heute, 2024, sind nur Rapper, Schlagerjodler, Metaller, Technohupser

Der intelligenteste, emotionalste, deutschsprachige Songtext ever

War "Bahnhofskino" von BAP (1984), vor 40 Jahren

Es war normal, weil höheres Niveau war von den Menschen

In den 1960ern waren Songperlen wie "A Whiter Shade Of Pale"

Von Procol Harum, oder jeden Beatles-Song, oder

Son Of A Preacher Man (Dusty Springfield)

Woodstock 1969 mit echtem Love & Peace

In den 1970ern war Progrock (Kultur-Rock) mit Genesis

Pink Floyd, Yes, Led Zeppelin, EL&P, Kate Bush

Songwriter wie Neil Young, Bruce Springsteen, Bob Seger

Oder "Atlantis" von Donovan

Oder 70er Hardrock von Deep Purple, Rainbow

AC/DC, Boston, Foreigner, BTO, Sweet

Und natürlich aus den 1980ern mit Hair Metal

New Romantics, Super-Pop, 80er mit "Purple Rain"

"Master Of Puppets", "Sweet Dreams", "Bahnhofskino"

Nur 0,000001% über diese Bands und Songs

Heute sind die "Menschen" oberflächlich, stromlinienförmig

Schwarz/Weiß-Denken, haben nur 0,000001 %-Kultur

Hauptsache Reality-Soaps, DSDS, GNTM, Streaming-Dienste

Die Menschen haben keine Geschichte vom WW II

Keine History von JFK, Bismarck, Bonner Republik, DDR, Hitler

Keine History von "Supper's Ready", "A Day In The Life", "Time"

C P Gerd Steinkoenig 15. Juli 2024

Brian Jones, Yoko Ono, John Lennon, with his son Julian on his lap, Eric Clapton, and Roger Daltrey 'The Rolling Stones' Rock 'n' Roll Circus,' England, December 10, 1968. Photo by  Hulton Archive/Getty Images

Alte Erinnerungen (facebook-Gruppe)

Das waren noch schöne Autos

Unvergessliche Zeiten (facebook-Gruppe)

Keith Richards, Daryl Hall, John Oates, Ronnie Wood, Tina Turner, Mick Jagger, Madonna and Bob Dylan at Live AID concert in 1985.

Netzfund

gettyimages®
Contour By Getty Images

KAPITEL 6 - NATUR, BOOKS, 1974

Wernersberg 11. Juli 2024

TEXT: STEPHAN REHM ROZANES

Juli 1969: Neil Armstrong und Buzz Aldrin betreten den Mond. Mit dem entsprechend futuristischen Song „*In The Year 2525*" führen Zager and Evans die US-Singles-Charts an, in Deutschland sind es die Beatles mit „*The Ballad Of John And Yoko*". 400.000 Menschen packen ihre Taschen und Haschpfeifen für das Woodstock-Festival. US-Präsident Nixon tritt den „War on Drugs" los. Brian Jones und Walter Gropius sterben, Jennifer Lopez und Sahra Wagenknecht tun das Gegenteil und werden geboren. UND die bereits im Januar 1956 an die niederländischen Kioske gegangene Zeitschrift „Muziek Expres" präsentiert erstmals ihr deutschsprachiges Spin-off, *yours truly*, Musikexpress. Startpreis damals: 1,50 DM. Nach Redaktionen in Köln, Hamburg und München sind wir seit dem 1. Januar 2010 in Berlin ansässig. Dort lassen wir nun die Korken knallen und feiern with a little help from prominenten Friends, die unsere Vergangenheit und Gegenwart geprägt haben, den Grund, weshalb wir diesen Job nun schon so lange machen und nicht im (Alp-)Traum daran denken, umzuschulen: die Liebe zur Musik. Wir feiern unsere 55 Alben für die Ewigkeit. 55 absolute Lieblingsalben aus der Redaktion und der schillernden Welt des Pop.

musikexpress

WIR FEIERN 55 JAHRE

musikexpress.de

musikexpress 08/24

55

Alben für die Ewigkeit

Feat. Radiohead, The Cure, David Bowie, AC/DC, Kraftwerk, Queen, Bad Bunny, Oasis, Pink Floyd, Grace Jones, Kate Bush, The Beatles, Solange

D: 7.90 € / A: 8.70 € / B. L: 8.90 € / I. E: 9.90 € / CH: 14.50 SFR / PCONT.: 9.90€

Sevi Landolt
(Klaus Johann Grobe)

"Spielen wir's?", "Jau!" Wenn man am überhaupt ersten Festival, das man spielt, auf der Hauptbühne direkt nach Moon Duo eine halbimprovisierte Version eines deutschen Politrockklassikers komplett am Limit durchwurstelt, und grad noch irgendwie so die Kurve kriegt vor lauter Stroboskopen und dann in 500 entsetzte und 500 angestachelte englische Gesichter blickt, dann sind das wohl beste Zeiten! 2013, Liverpool. Mehr Rockoper waren wir nie,

Floh de Cologne
Rockoper
Profitgeier
1971

weniger Profitgeier auch nicht. So geschehen mit *„Wir brauchen keine Millionäre"* von der damals und heute besten Platte. Wir sind noch immer der Meinung, ROCKOPER PROFITGEIER gehört in die Allgemeinbildung eines jeden Menschen. Das, und wie man einen Tisch mit einer Axt zerdeppert. Damit sollte man auch heute noch relativ vernünftig durchs Leben kommen. Auf Floh De Cologne! Auf dass die shittiest Zeiten wieder die besten werden!

Bernadette La Hengst

In meinem Geburtsjahr 1967 erschien das Hildegard-Knef-Album HALT MICH FEST, es stand im Plattenregal meiner Eltern, die sonst eigentlich eher Klassik hörten und kaum Popmusik. Schon der erste Song auf dem Album ist ein zeitloser Knaller: *„Von nun an ging's bergab"*. Was für eine Stimme. Die ewig verrauchte Heisere, die mehr sprach als sang, und dennoch so voller Sehnsucht klang. Ein Song über das Scheitern als Chance, als Sängerin und Mensch. „Es war nicht meine Schuld, ich bitte um Geduld." Das Bekenntnis einer Sängerin, die aus ihrer Mittelmäßigkeit eine Weltkarriere gemacht hat, obwohl es ihr anscheinend niemand zugetraut hatte. Das Schöne daran ist, dass sie nicht damit kokettiert, und genau in dieser Ehrlichkeit und Schnoddrigkeit finden sich viele Frauen der Nachkriegsgeneration wieder. In *„Samtbraune Augen"* singt sie über stereotype Frauenbilder, von denen sie sich längst verabschiedet hat. „Ich hab keine samtbraune Augen, und schließ sie auch nur, wenn ich schlaf, war nie so sanft und behutsam, bin nichts als ein vorlautes Schaf, ich rauche und trinke, und selten nur Tee, es ist zu spät sich zu wünschen, ich wär das bezaubernde, schutzlose, wehrlose Reh." Auch in *„Vergiß sie..."* („sie hat dich nie geliebt") ist sie die Frau, die erst an zweiter Stel-

Hildegard Knef
Halt mich fest
1967

le kommt, doch anstatt die Konkurrentin zu dissen, nimmt sie sie in Schutz und erklärt ihm, dass er trotz aller Schmerzen durch sie zum ersten Mal geliebt hat. Das ist wahre Größe einer Liebesverliererin. Auch die anderen Miniaturkurzgeschichten mit Titeln wie *„Der Mond hatte frei"*, *„Was hab ich von meinem Doppelbett, wenn du auf Nachtschicht bist"* oder der Song über *„Die alte Frau"* („sie spricht laut mit ihrem Hund, nur manchmal, da zittert ihr Mund"), sind meilenweit entfernt von spießigen deutschen Schlagerträumen, die sich schmachtend in andere Welten trällerten, um den Wahnsinn des Zweiten Weltkrieges zu vergessen und unter den Teppich zu kehren. Knefs packende Songtexte, die sie selbst schrieb, erzählen Alltagsgeschichten aus dem Nachkriegsdeutschland, sie handeln von der Suche einer nicht mehr ganz so jungen Frau nach Selbstbestimmung und Freiheit. Diese Chansons mit einem Sinn für Komik und große Melodien, gegossen in schönste Burt-Bacharach-Streicherarrangements, klingen international und eröffneten mir eine Möglichkeit, trotz der eigenen ostwestfälischen provinziellen Begrenztheit, irgendwann mal selbst solche Lieder zu singen und zu schreiben. Hildegard Knef war mein erstes Role-Model.

Floh de Cologne wollte ich mit ins Konzert! Durch meine Lehrerin in der Volkshauptschule 1972 oder 1973. Alle gingen hin aus der Klasse - nur ich nicht wegen meinem Vater...

KAPITEL 8 - COOLE ALTE FRAUEN, HITS, TINTIN

.

Es gibt soooo viele Songs! Diverse Genres, diverse Zeitoasen, diverse "in der richtigen Zeit" - und oft vergessen! Sogar ich aus den deutschen Schlager-60ern: sofort wieder erinnert und im Nachhinein (da war ich als Kind) mit meinen Eltern gedacht über diese Schlager. Ist auch nur ein kleiner Teil aus dem Charthits-Buch. Und trotz der relativ vielen Songs, ist es sehr gering von den Pro-Jahr-Top 20-Songs! Oft ist keine große Musikkultur - nur Gassenhauer... Aber auch diverse Klassiker aus der Musikgeschichte. Ich hatte eine Auflistung je ein Song von 1959 (mein Geburtsjahr) bis 1995 (das letzte große Musikjahr - my lifeline...). Und schrieb noch 3 x Zugabe (ca 11 Songs jeweils)... Sind nur eine Winzigkeit - trotzdem geile Zeitgeister von The Beatles, Sweet, Kim Carnes, Nena, Donovan, Boney M, Petula Clark, Pussycat, Dalida, Bernd Clüver, Lobo, Mariah Carey, Guns N Roses, Suzi Quatro und und und... Das Post dauert noch wegen der Zeit zum Schreiben, am Wochenende garantiert für Euch! Vielleicht habt Ihr ja auch den ein oder anderen Song wieder erkannt..

1000 ultimative Charthits (Moewig, RTL, 2008)

An die "letzte Generation".

Eure Großmütter trugen Miniröcke, hohe Stiefel,
gingen ohne BH, hörten Beatles, fuhren Ente (ohne Navi),
rauchten HB, tranken Escorial grün, kamen um
4 Uhr morgens nach Hause und gingen um 6 Uhr zur Arbeit.
Du wirst nie so cool sein wie deine Omi!!! ☺

Science Fiction Club Deutschland e.V.

Damals auf dem Mond... #sfcd #tintin #timundstruppi

Metalshop.DE

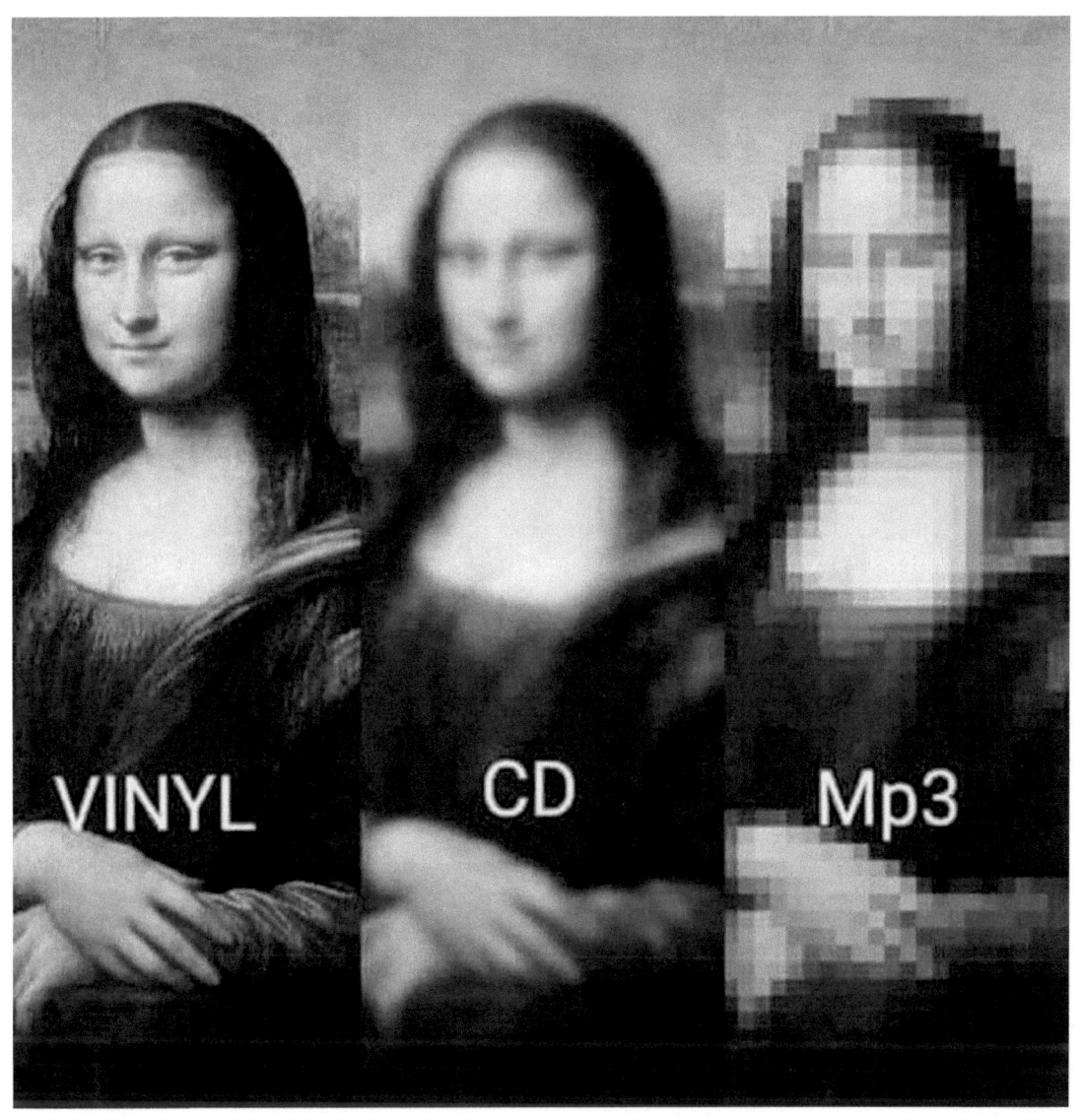

KAPITEL 9 - HANDGESCHRIEBENE HITS UND TOP 10-ALBEN IN GERMANY

6 Fotos zu meinen Hits (klitzekleine Auswahl) von 1959 bis 1995! Übrigens: ich bestelle zu meinem neuen Buch VERLORENE KUNST nur 3 Bücher aus meinem Verlag: für meine 2 Bethesda-Betreuer:innen und ich! Die Anderen: pah! Ich möchte meine Umwelt schützen, und nicht unnötig zu Desinteressierten das Buchpapier abholzen... (22. Juli 2024 II)

Zugabe 2
1966 Paint It Black - Rolling Stones
1968 Lazy Sunday - The Small Faces
1976 schmidtchen schleicher - Nico Haak
1976 Mississippi - Pussycat
1979 Tragedy - The Bee Gees
1981 Fade To Grey - Visage
1985 Maria Magdalena - Sandra
1988 Ella Elle L'a - France Gall
          L'A
1991 Joyride - Roxette
1995 Be My Lover - La Bouche

MITTE DES MENSCHEN

BILDBAND VON

GERD STEINKOENIG

1959 Am Tag als der Regen kam - Dalida
1960 Die Liebe ist ein seltsames Spiel - Connie Travers
1961 Ramona - Blue Diamonds
1962 Zwei kleine Italiener - Conny
1963 schuld war nur der Bossa Nova - Manuela
1964 I want To Hold You Hand - The Beatles

Zug. 1   1964 oh My Darling Caroline - Ronny
Zug 2   1961 Weiße Rosen aus Athen - Nana Mouskouri

1992   ...za Una Vogna - Young Cannibals
1993   Knockin' on Heaven's Door - Guns N Roses
1994   ~~...~~ No Limit - 2 Unlimited
1995   Without You - Mariah Carey
       Gangsta's Paradise - Coolio

1965   Help - The Beatles
1970   Black Night - Deep Purple
1972   Sacramento - Middle of The Road
1973   Can The Can - Suzi Quatro
1977   Knowing Me Knowing You - Abba
1978   River of Babylon - Boney M
1984   People Are People - Depeche Mode
1986   Midnight Lady - Chris Norman
1989   Like A Prayer - Madonna
1994   Streets of Philadelphia - Bruce Springsteen

1965 Downtown – Petula Clark
1966 Yesterday Man – Chris Andrews
1967 Penny Lane – The Beatles
1968 Mighty Quinn – Manfred Mann
1969 Atlantis – Donovan
1970 A Song of Joy – Miguel Rios
1971 Butterfly – Danyel Gerard
1972 Metal Guru – T. Rex
1973 Der Junge mit der Mundharmonika – Bernd Clüver
1974 Teenage Rampage – The Sweet
1975 Fox On The Run – Sweet
1976 In Zaire – Johnny Wakelin
1977 Yes Sir I Can Boogie – Baccara
1978 Baker Street – Gerry Rafferty
1979 Maybe – Thom Pace
1980 Matador – Garland Jeffreys
1981 Bette Davis Eyes – Kim Carnes
1982 Nur geträumt – Nena
1983 I Like Chopin – Gazebo
1984 Relax – FGTH
1985 Rock Me Amadeus – Falco
1986 West End Girls – Pet Shop Boys
1987 Wonderful Life – Black
1988 Im Nin' Alu – Ofra Haza
1989 She Drives Me Crazy – Fine Young Cannibals
1990 Another Day In Paradise – Phil Collins
1991 Senza Una Donna – Zucchero feat Paul Young
1992 Knockin' On Heaven's Door – Guns N Roses
1993 No Limit – 2 Unlimited
1994 Without You – Mariah Carey
1995 Gangsta's Paradise – Coolio

23

1960 Wir wollen niemals auseinandergeh'n - Heidi Brühl
1966 These Boots Are Made For Walkin' - Nancy Sinatra
1967 Death of A Clown - Dave Davies
1969 Oh, Happy Days - The Edwin Hawkins Singers
1972 Amarillo - Tony Christie
1973 I'd love you to want me - Lobo   santa Esmeralda
1977 Don't Let Me Be Misunderstood -   fed Leroy Gomez
1985 You Spin Me Round - Dead Or Alive
1986 Irresistible - Stephanie
1993 All That She Wants - Ace of Base
1994 7 Seconds - Neneh Cherry + Youssou N'Dour

1971 A Song of Joy - Miguel Rios
1972 B-Mertly - Danyel Gerard
1973 Metal Guru - T. Rex
1974 Der Junge mit der Mundharmonika - Bernd Clüver
1975 Teenage Rampage - The Sweet
1976 Fox On The Run - Sweet
1977 In Zaire - Johnny Wakelin
1978 Yes Sir I Can Boogie - Baccara
1979 Baker Street - Gerry Rafferty
1980 Maybe - Thom Pace
1981 Matador - Garland Jeffreys
1982 Bette Davis Eyes - Kim Carnes
1983 Nur geträumt - Nena
1984 I like Chopin - Gazebo
1985 Relax - FGTH
1986 Rock Me Amadeus - Falco
1987 West End Girls - Pet Shop Boys
      Wonderful Life - Black

41

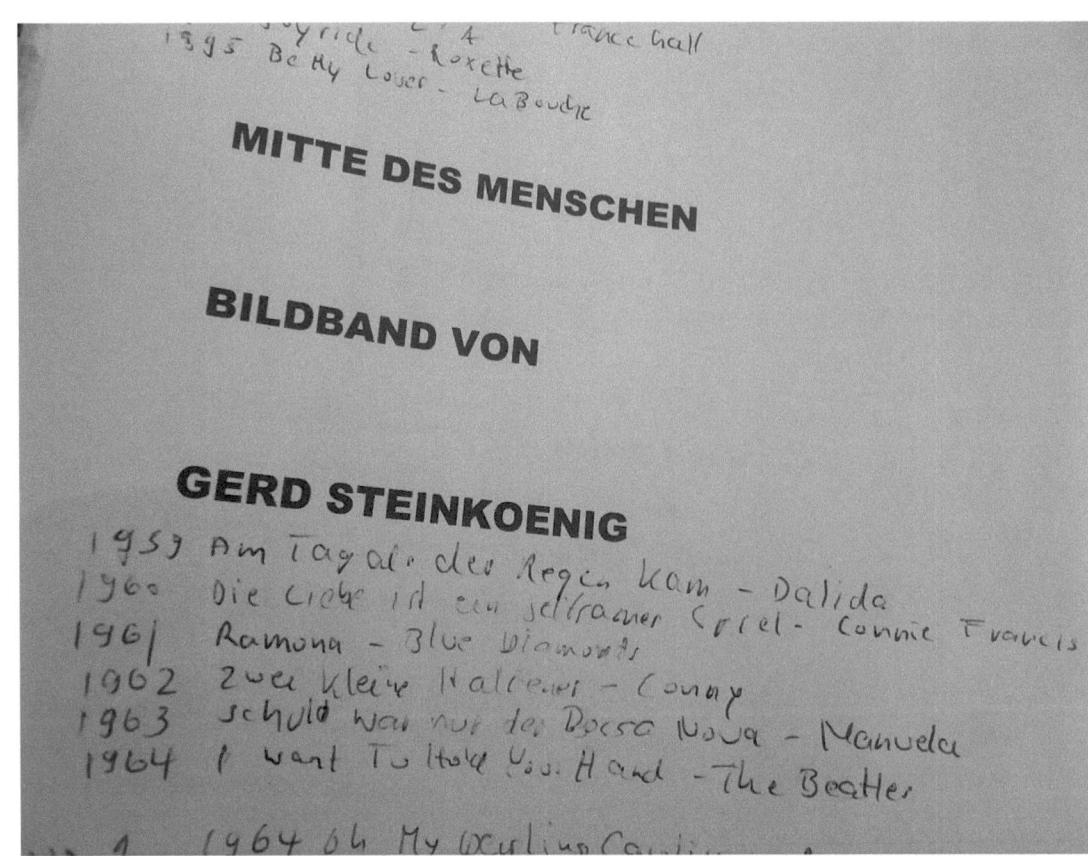

Bei den 6 Hit-Fotos ist ein Foto von 1971 bis 1987 - nur ein paar Zeien, ein paar Worte, aber es ist/war meine große Zeitoase von Geschwister- Scholl-Schule bis Volkshauptschule, Handelsschule, Lehre, Bumdeswehr, Jobs, Mannheim, Globetritter-Tour etc... Wow!! Nur ein paar Zeilen mit Hits mit vielen Jahren... (23. Juli 2024, 13:49h)

Nr 1 Alben in D / Top 10 Alben in D! Sieger (Nr 1): Peter Maffay / Sieger Top 10: Rolling Stones! 2 Fotos (Stand: 23. Juli 2024)

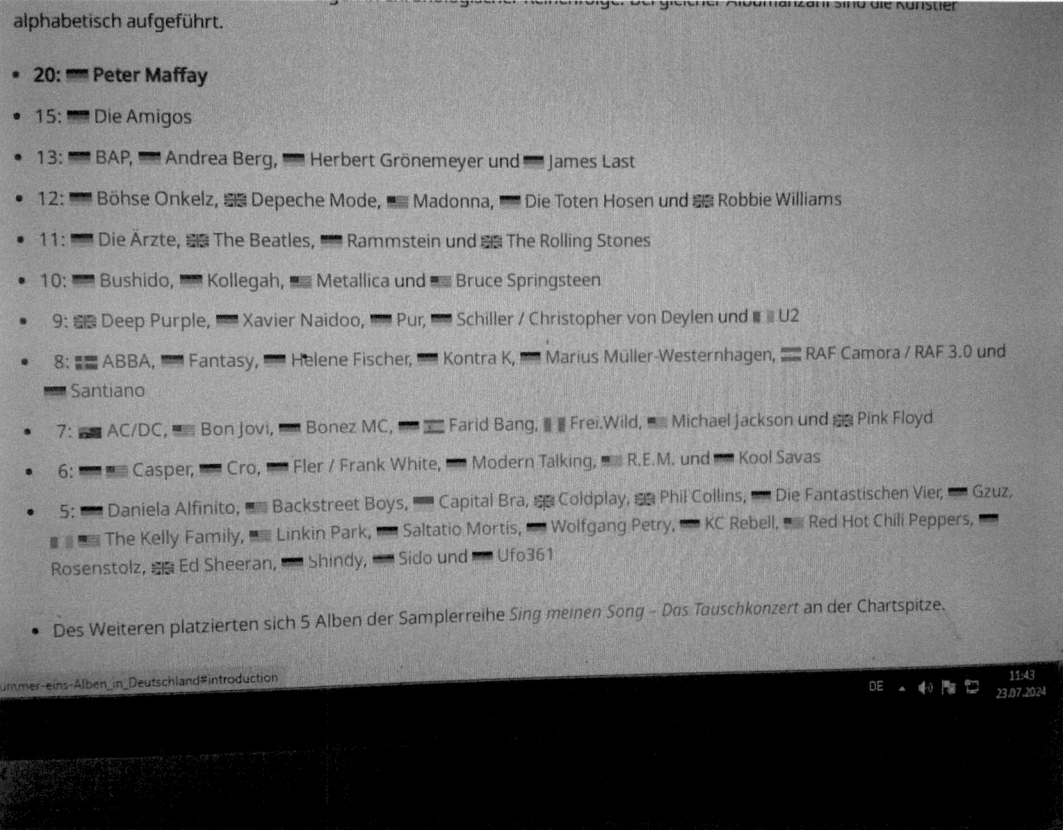

alphabetisch aufgeführt.

- 20: ▬ Peter Maffay

- 15: ▬ Die Amigos

- 13: ▬ BAP, ▬ Andrea Berg, ▬ Herbert Grönemeyer und ▬ James Last

- 12: ▬ Böhse Onkelz, ▦ Depeche Mode, ▬ Madonna, ▬ Die Toten Hosen und ▦ Robbie Williams

- 11: ▬ Die Ärzte, ▦ The Beatles, ▬ Rammstein und ▦ The Rolling Stones

- 10: ▬ Bushido, ▬ Kollegah, ▬ Metallica und ▬ Bruce Springsteen

- 9: ▦ Deep Purple, ▬ Xavier Naidoo, ▬ Pur, ▬ Schiller / Christopher von Deylen und ▌▐ U2

- 8: ▬ ABBA, ▬ Fantasy, ▬ Helene Fischer, ▬ Kontra K, ▬ Marius Müller-Westernhagen, ▬ RAF Camora / RAF 3.0 und ▬ Santiano

- 7: ▬ AC/DC, ▬ Bon Jovi, ▬ Bonez MC, ▬ Farid Bang, ▌▐ Frei.Wild, ▬ Michael Jackson und ▦ Pink Floyd

- 6: ▬ Casper, ▬ Cro, ▬ Fler / Frank White, ▬ Modern Talking, ▬ R.E.M. und ▬ Kool Savas

- 5: ▬ Daniela Alfinito, ▬ Backstreet Boys, ▬ Capital Bra, ▦ Coldplay, ▦ Phil Collins, ▬ Die Fantastischen Vier, ▬ Gzuz, ▌▐ ▬ The Kelly Family, ▬ Linkin Park, ▬ Saltatio Mortis, ▬ Wolfgang Petry, ▬ KC Rebell, ▬ Red Hot Chili Peppers, ▬ Rosenstolz, ▦ Ed Sheeran, ▬ Shindy, ▬ Sido und ▬ Ufo361

- Des Weiteren platzierten sich 5 Alben der Samplerreihe *Sing meinen Song – Das Tauschkonzert* an der Chartspitze.

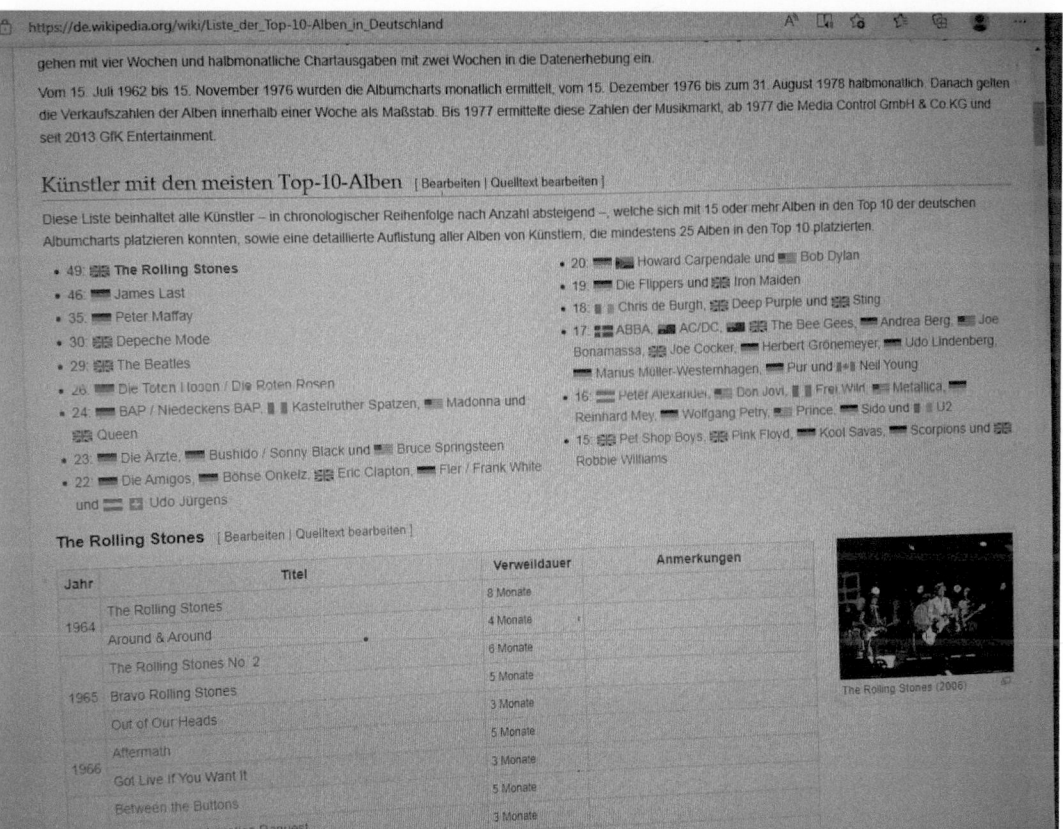

https://de.wikipedia.org/wiki/Liste_der_Top-10-Alben_in_Deutschland

gehen mit vier Wochen und halbmonatliche Chartausgaben mit zwei Wochen in die Datenerhebung ein.

Vom 15. Juli 1962 bis 15. November 1976 wurden die Albumcharts monatlich ermittelt, vom 15. Dezember 1976 bis zum 31. August 1978 halbmonatlich. Danach gelten die Verkaufszahlen der Alben innerhalb einer Woche als Maßstab. Bis 1977 ermittelte diese Zahlen der Musikmarkt, ab 1977 die Media Control GmbH & Co.KG und seit 2013 GfK Entertainment.

Künstler mit den meisten Top-10-Alben [Bearbeiten | Quelltext bearbeiten]

Diese Liste beinhaltet alle Künstler – in chronologischer Reihenfolge nach Anzahl absteigend –, welche sich mit 15 oder mehr Alben in den Top 10 der deutschen Albumcharts platzieren konnten, sowie eine detaillierte Auflistung aller Alben von Künstlern, die mindestens 25 Alben in den Top 10 platzierten.

- 49: ▦ **The Rolling Stones**
- 46: ▬ James Last
- 35: ▬ Peter Maffay
- 30: ▦ Depeche Mode
- 29: ▦ The Beatles
- 26: ▬ Die Toten Hosen / Die Roten Rosen
- 24: ▬ BAP / Niedeckens BAP, ▌▐ Kastelruther Spatzen, ▬ Madonna und ▦ Queen
- 23: ▬ Die Ärzte, ▬ Bushido / Sonny Black und ▬ Bruce Springsteen
- 22: ▬ Die Amigos, ▬ Böhse Onkelz, ▦ Eric Clapton, ▬ Fler / Frank White und ▬ ☩ Udo Jürgens

- 20: ▬ Howard Carpendale und ▬ Bob Dylan
- 19: ▬ Die Flippers und ▦ Iron Maiden
- 18: ▌▐ Chris de Burgh, ▦ Deep Purple und ▦ Sting
- 17: ▬ ABBA, ▬ AC/DC, ▦ The Bee Gees, ▬ Andrea Berg, ▬ Joe Bonamassa, ▦ Joe Cocker, ▬ Herbert Grönemeyer, ▬ Udo Lindenberg, ▬ Marius Müller-Westernhagen, ▬ Pur und ▐▌ Neil Young
- 16: ▬ Peter Alexander, ▬ Don Jovi, ▌▐ Frei.Wild, ▬ Metallica, ▬ Reinhard Mey, ▬ Wolfgang Petry, ▬ Prince, ▬ Sido und ▌▐ U2
- 15: ▦ Pet Shop Boys, ▦ Pink Floyd, ▬ Kool Savas, ▬ Scorpions und ▦ Robbie Williams

The Rolling Stones [Bearbeiten | Quelltext bearbeiten]

Jahr	Titel	Verweildauer	Anmerkungen
1964	The Rolling Stones	8 Monate	
	Around & Around	4 Monate	
1965	The Rolling Stones No. 2	6 Monate	
	Bravo Rolling Stones	5 Monate	
	Out of Our Heads	3 Monate	
1966	Aftermath	5 Monate	
	Got Live If You Want It	3 Monate	
	Between the Buttons	5 Monate	
1967	Their Satanic Majesties Request	3 Monate	

The Rolling Stones (2006)

Das ist also Musik-Deutschland 1959 bis 2024... Von James Last bis Peter Maffay bis Böhse Onkelz, von The Beatles bis AC/DC bis Pink Floyd, von Bushido bis Die Flippers bis Modern Talking, von Rolling Stones bis Deep Purple bis Abba... Lustig, das das offizielle BRD-Verkaufs-Chartsjahr aus meinem Geburtsjahr war: 1959!

KAPITEL 10 - BÜCHER, CDs, HEFTE, FILM

Quelle: Pinterest

Mr. Ghostwriter (facebook)

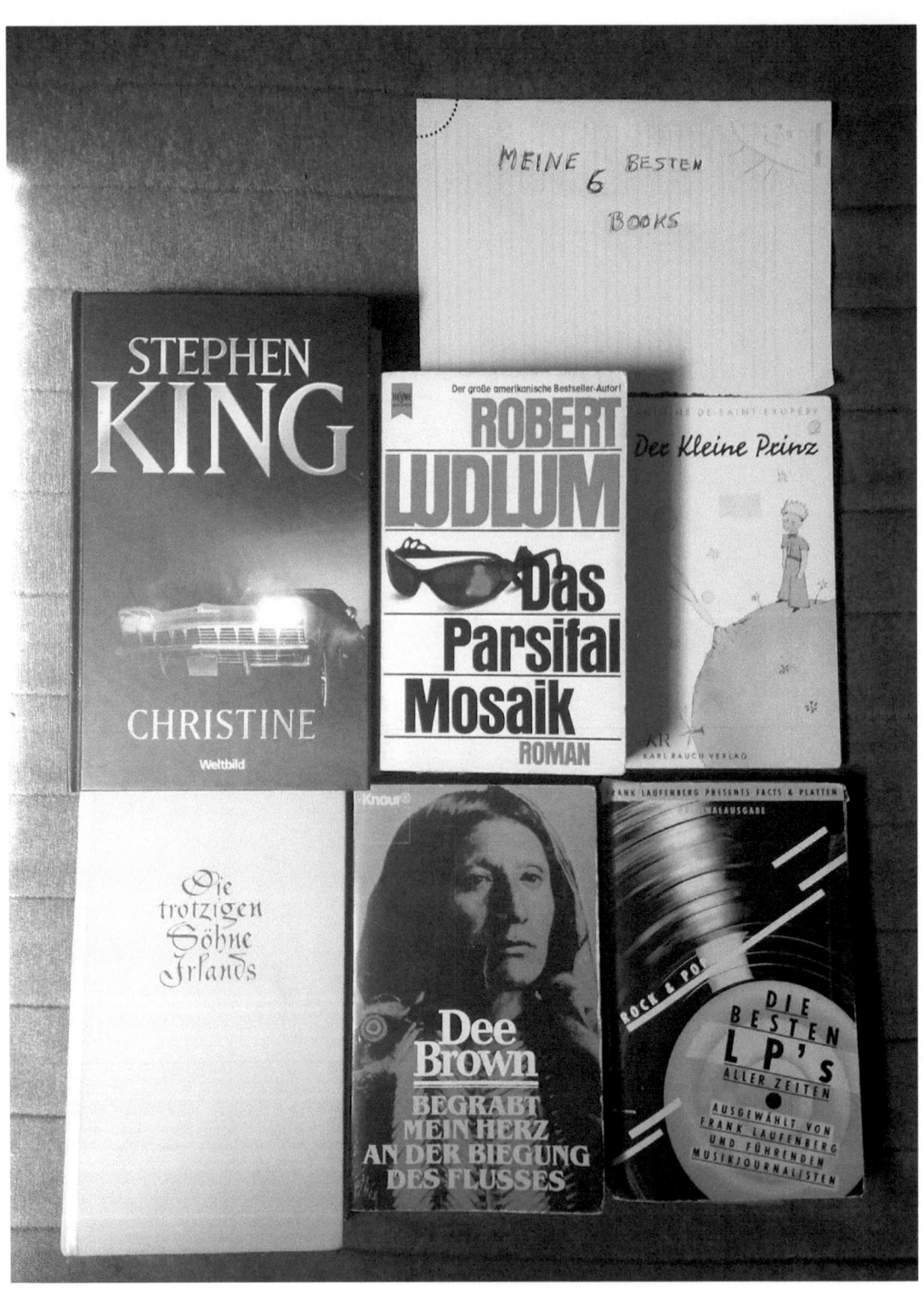

MEINE 15 ISBN-BÜCHER 2017 - 2020
Das erste Buch "Blood On The Rooftops" ist Euphorie, Neugierde, Musik, Prosaen, bunter Mix, überladen (sollte ja nur EIN Buch sein...). Dann bemerkte ich, mmh, kaum Auflagen, mach ich einfach. "Blood..." war weiterhin mit Musik, Erinnerungen etc. Und "Gerds Blood". Bisschen Pause, und ich dachte, mal ein "richtiges" Buch... Es folgten "Musik und die Welt" und "Liebe ist alles" (grandiose Inhaltesverzeichnis, grandioses Titelbild). "Music Was My First Love" war ein Bildband mit Abschluss der Buch-Serie. Ca 2 Wochen später Schlaganfall... Tatsächlich hatte ich Sauerstoffmangel im Hirn bei den letzten 3 Büchern!! In diesen 2017er Büchern hatte ich - damals natürlich nicht gewusst - meine Vorher leben-Biografie mit Erlebnissen, Musik, Prosaen, Links, TV-Serien, Filme, Literatur, Politik etc. In der Klinik Alzey schrieb ich von Anfang an: Zettelchen, Handy oder so. Im ersten ISBN-Buch "Danach" 2019 waren Fragmente dabei. Leider nur Fragmente, aber trotzdem. Und meine 30 Lebensalben (von Klinik Alzey). 2018 schrieb ich no isbn-Theraphie-Bücher. Legendär "Das Eichhörnchen aus der Dimension"... Und z.B. "Rust Never Sleeps" mit den 30 Lebensalben. Desgleichen bei "Danach". Die 15 Bücher und die no isbn-Bücher sind z.T. Dokumente, Momentums, Zeitoasen. 2019/2020 hatte ich 8 ISBN-Bücher. 2017 und 2019/2020 entwickelte ich immer diese Bücher, z.B. auf den Punkt bei den Büchern 14 & 15 "Fühlen" und "Allein hinter Paris Texas". Highlights sind in den gesamten Büchern meine Prosaen "Zeit" (war schon 2012 veröffentlicht im Wochenblatt KL, und eben das 1. Buch), "Lebenssonne" (Dezember 2017, ersten Wochen nach der Klinik), "Idylle" etc. Desweiteren 30 Lebensalben, 1 Tag vor dem Schlaganfall-Dokumrentation (2 Schriften), diverse Kapitel aus diversen Büchern von meinem Katzenmädchen Molly, Mad Man Moon (Genesis-Kapitel), Minibiografie Genesis, 10 Leben von Gerd Steinkoenig, Jahrzehnte-Alben(60er bis 2000er), Großvater etc... 2019/2020 ist mehr Lebensphilosophie, 2017 ist mehr Musik. Komplettes Buchverzeichnis siehe amazon!

KAPITEL 11 - ZWEIUNDVIERZIG, DIE ANTWORT

Lebenscollage 24. Juli 2024 - meine letzte Kunst in meinen Books

Ich hab so tolle Filme wie Das Schweigen der Lämmer, Einer flog über das Kuckucksnest, 2001 - Odyssee im Weltraum, Lautlos im Weltraum, Fahrenheit 451, Wenn die Gondeln Trauer tragen, Rocky, Casablanca etc etc! Aber DIESER Film ist mein Geheimtipp! Es gibt solche Feel/Melancholie/Zeitlos/Memories-Momente. Wie zB bei dem Album ...and then there were three (Genesis 1978). Ich hab bessere Alben von Genesis als die "three" - aber dieser 1970er-Lifesoundtrack zu "three" (mit Feel, Melancholie, Zeitlos...). Und so ist es eben bei diesem Film "The Warriors"! Für mich eine Zeitoase, Kult, alles. Bei Youtube war mal ein Video "25 (oder 30?) später". Und man sah NYC 1979 und dann später Jahrzehnte später über das uniformierte NYC... Und natürlich wieder mein "Running Gag" zu diesem Film bei meinen 68 Büchern: the New Generation lachen über die komischen Klamotten, wie waren DIE dann drauf - und natürlich: ist THE WARRIORS irgendwann komplett vergessen?!? Wenigstens hab ich die DVD! (24. Juli 2024)

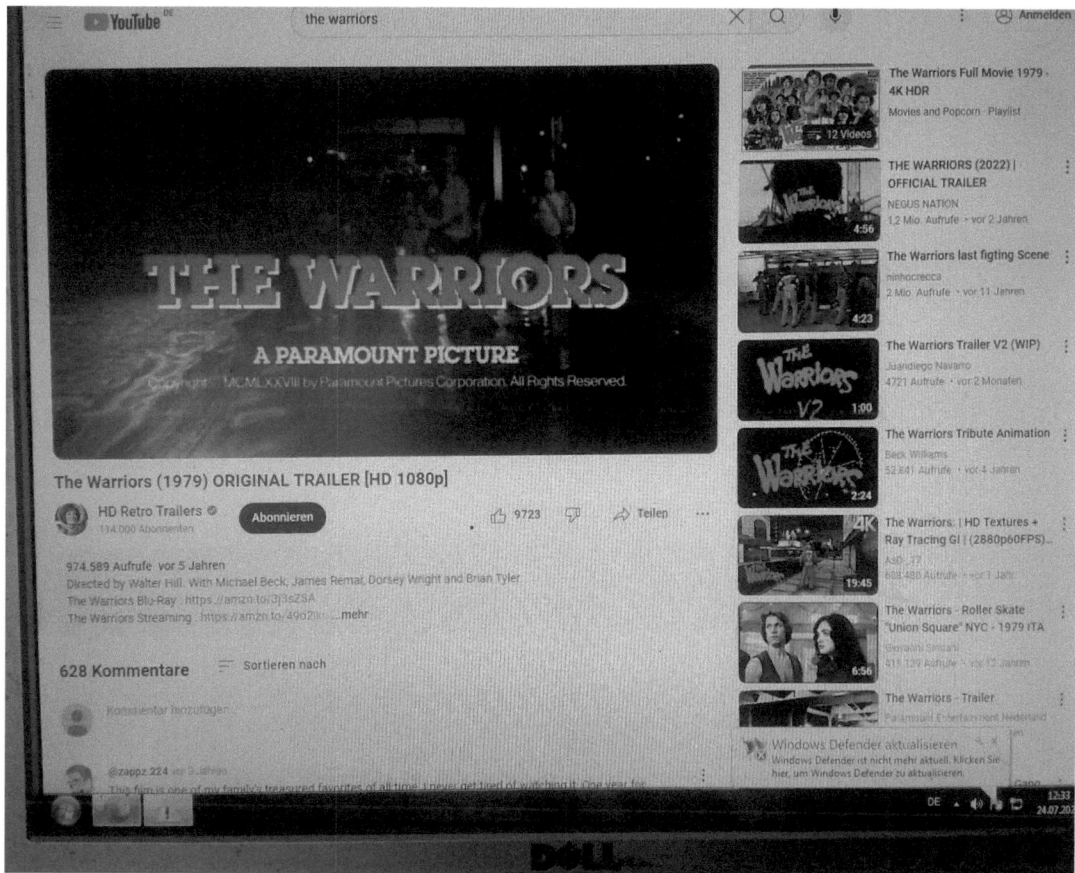

Jetzt ist es klar! Daher! Die Antwort 42!

Bundiin Tamga (facebook)

42 - DIE ANTWORT

Tatsächlich! Siehe Wikipedia "42 (Die Antwort)"... Ich hab dazu das Buch "Per Anhalter durch die Galaxis" von Douglas Adams... Und natürlich die Schwarmdummheit: einige meinten, es gäbe mehrere Teile - aber es ist EIN Roman! Das Perverse ist: Rechthaberei, Aggro, und die Dummen meinen, sie hätten recht... Ist schon lange her, aber es war damals so... Ich hätte weitere Themen dazu mit Schwarmdummheit... Aaaalso: der Beginn des 21. Jahrhunderts war der 1.1.2001!! Natürlich - ist ja klar... - war das Jahrhundertsilvester am 1.1.2000... Der 25. August 1980 war aus den 1970er Jahren! Das kann ich zu 99 % nichts dazu sagen, denn ich bin dann der Idiot, was labert der rum. Schwarmdummheit!! 42 - Die Antwort? Schwarmdummheit durch Trump?

Foto: Gerd Steinkoenig mit Peter Falk (Der Antwortente "Columbo 1973")

KAPITEL 12 - GESAMTBUCHVERZEICHNIS UND DANKE AN (FAST) ALLE

Danke in 68 Büchern (das oder jenes oder dieses, je nach dem) an:

Mutter (Ihr geht es relativ gut! Nach diversen Schlaganfällen, seit Monaten rufe ich jeden Tag an sie / Mutter wohnt in Fuertaventura. Sie hatte ca 7 oder 8 Books von mir gelesen), Vater (hatte nie ein Buch von mir gelesen, weil er zuvor in seine Lebensdimension ging), St.Pä. (Zitat 2020:"warum überhaupt??", Fassungslosigkeit...), Mrs P (Das Einzige was gut war, waren einige Titelfotos, zB "Danach III"), St.Re. (seit Ende 2019 ist er immer dabei, früher war mehr Lametta, er hatte ein Titelfoto fotografiert auf "80 Bilder..."), Ra.Ko. (sie ist immer neugierig - und liest tatsächlich in Live, die letzten 5 oder 6 Books war durch meine Motivation von ihr), mein Engelchen (sie hatte das und das gelesen, und bedankte sich, mittlerweile wieder weniger Lametta), An.Wi. (sie freut sich für 2 Fotos von mir je Buch...), Wiener Musiker/jetzt Ba-Wü (der einzige Mensch, der für meine Bücher - das ich immer zu Freund.innen, Kolleg:innen schenkte, kostet ja auch Geld - mir ein Paket schenkte mit tollen Wiener Spezialitäten mit Superfutterchen!! Aus den ersten 7 Books), meine legendäre Logo (nicht gelesen, aber psychologisch war sie da durch meine Fotos. Das war gut ok), mein Ergo ("ach, schon wieder", lach), Ca.Wi. (schenkte ihr mein "Mitte des Menschen"-Bildband), Da.We. (schenkte ihr mein "Zeitläuferin"-Buch), desweiteren, und und...

C P Gerd Steinkoenig, 24. Juli 2024 19.54h (Annweiler am Trifels)

Fotos: Gerd Steinkoenig, facebook, Pinterest

12 Fotos zu meinen gesamten ISBN-Büchern!! Alles dabei - aber nicht ganz komplett
(hintendran sind ein paar Bücher im Stapel - Platzmangel... Dabei zB mein Weihnachtsbuch).
Mein ISBN-Bücherverzeichnis mit allen Facetten mit diversen Genres! 1 Foto komplett, der
Rest Shots! Viel Spaß, Ihr Lieben! (25. Juli 2024)

63

NACHTRAG

Ich komme mir vor, wie bei meinem 1. Buch - es sollte nur EIN Buch sein... Bei meinem letzten Buch auch so: das sollte ich noch schnell schreiben... Diesen nachfolgenden Gedankengang hatte ich schon öfter, man hat diverse Brainshots und doch wieder in meinen Books vergessen... Ist/war es durch Gott, durch Schicksal, es sollte so sein? Mein Vater ging in seine Lebensdimension am 17. Februar 2017, mein Schlaganfall war 1 Tag nach der Bundestagswahl September 2017. Ich hatte beste Möglichkeiten durch meine dementsprechenden Kliniken, Therapeut:innen, Ärzt:innen, Pfleger:innen, Psycholog:innen etc. Wenn Vater noch leben würde, könnte es sein (so wie Vater eben drauf ist), das ich zurück nach "Elterndorf" gehen würde. Für Vater waren Ärzte/Psychologen nur Schrott! Daher ging er ab, schon mit 81 - durch Lebenswandel/Arztverweigerung könnte er sogar noch leben: in ca 2 Wochen würde er 89, sein Vater (mein legendary Großvater) ging erst ab mit 91 - in den letzten Jahren war nix mit "dem Kram", zuvor nur 1 Bier und eine Zigarette, wenn 1860 München gewonnen hatte: also sehr selten und auch schon mit ca 70 war nix. Großvater hatte Disziplin. Vater war "die Gewohnheit" mit Weinschorle etc - jeden Tag. Natürlich war es bei mir auch - eher mit Bier - aber es war "davor" mit 53, 55, 57 bei mir (mit 57 war mein Schlaganfall). Ich hatte ab und zu nix gemacht, bei mir war nur Spaß/Party. Aber bei Vater immer. Dann auch noch zu niedriger Puls - aber Vater wollte es nicht wegen so einem komischen Arzt... Was wäre wenn: ich muss mich leider ertappen, das es für mich gut war, das ich in meinem Paradies bin. Mit "Elterndorf", Anschluss mit Rotkreuz schwierig, mit "Elternbefehl" ohne Ahnung! 100 %ig! Durch meine zweite Geburt mit meinem zweiten, positiven, reinen Leben seit September 2017, heute, morgen, bis zur nächsten Lebensdimension, durch meine Südpfalz! In "Elterndorf" wäre ich versauert. Durch die sehr schlechte Sozialsituationen in KL hätte ich kaum einen Psychologen (Vater: Psychologin sind scheiße...) - mein früherer Nachbar war behinderter als ich und hatte als Betreuer einen Busfahrer (!!)... Und ob überhaupt ein Betreuer da gewesen wäre, Vater wusste ja alles, obwohl... Seit Jahren hab ich durch positive Energien, Fortschritte, Entwicklungen mein Selbstvertrauen, Stärke, Souveränität etc. Aber in einem Dorf hinterm Mond mit meinen Eltern?? Zumal: ich brauchte echt 1 Jahr mit"naturstoned"-Groove, man braucht Geduld! Geduld mit Vater?? Kann man vergessen!! Wie geschrieben: durch Gott? Durch Schicksal? Es könnte wirklich sein! In meinem allerletzten Kapitel ist es mein ehrlichster Artikel, es ist Hardcore, das es am Besten für mich ist, das Vaters Ableben VOR meinem Schlaganfall war! Ihr meint, du warst doch alt genug, sag doch einfach damals. Und Vaters Leben. Aber ich war ja tatsächlich "naturstoned" und mein Selbstvertrauen gegenüber Vater... Mh, könnte ich als Bewerbung zu einem Psychotherapeuten schicken, lach...

Wow, hat gedauert, 80 Minuten! C P Gerd Steinkoenig 25. Juli 2024 23:48h

3 Fotos Kaiserslautern aus den 2010er Jahren: 1. Foto: Fritz Walter-Stadion (Betzenberg), 2. Foto: Collagen mit meiner KL-Wohnung (natürlich wieder meine Sammlung...), 3. Foto: HBF KL!

FSC
www.fsc.org
MIX
Papier aus ver-
antwortungsvollen
Quellen
Paper from
responsible sources
FSC® C105338

© 2024 Gerd Steinkoenig
Herstellung und Verlag:
BoD – Books on Demand, Norderstedt
ISBN: 9783759769725